用手語交朋友

目錄

序文

　　社團法人雲林縣聽語障福利協進會成立於民國 47 年，秉持著「聾人事務，聾人參與」（ Nothing about us without us. ）的精神，服務雲林縣在地聾人逾 60 年。

　　協會裡有九成的會員使用臺灣手語作為主要語言，常常在辦理活動時，看到大家相聚一起、舞動著雙手盡情地聊天，這是一件自然且珍貴的事情。反倒是第一次踏入聾人場合的聽人，看著大家開心地打著手語，而自己卻什麼都不會，只能以比手畫腳去表達自己想說的話，常會覺得自己才是「有障礙的」。

　　本會從成立至今致力於手語推廣及推動聾人的無障礙環境，我們了解到中南部的手語資源長期不足，於是我們在民國 106 年啟動「臺灣手語師資培訓計畫」，培養在地優秀的聾人，組成師資團隊，教授他們的母語——手語。除此之外，近幾年我們更是積極製作多元化的手語節目，如：「手語星球」、「聾人幸福食堂」等......（請上 Youtube 搜尋，或掃描文末 QR 碼）。希望讓聾人透過鏡頭和大眾互動，提升臺灣手語在社會上的能見度，增添手語學習的趣味性與活潑性，並讓臺灣手語這個美妙的語言，可以透過社群平台輕易地進入每個人的生活之中，打造聾人的友善環境。

　　我們並不滿足於此，決定更進一步挑戰自我，注意到市面

上手語書籍的稀缺，民國 109 年我們開始籌畫屬於本會的第一本手語書。經過一年多來的分工和討論後，最終決定以生活日常的角度出版本書——《用手語交朋友》。這是一本適合初學者的教材，共分為十個單元：自我介紹、介紹家庭成員、約定時間地點、描述外貌和個性等......，每個單元除了應用的單字、對話和短文之外，並附有聾人小知識，希望各位讀者除了學習語言，還可以對聾人有更多的認識，了解手語真正的內涵。我們並邀請聾人手語老師錄製示範影片，只要掃描每單元的 QR 碼就能馬上觀看，讓大家能夠更輕鬆、無負擔地學習手語。

　　學習臺灣手語，就如同找到了聾人文化大門的鑰匙，想要用手語和聾人交朋友嗎？勇敢踏出第一步吧，跟聾人比出第一句手語：「你好」！

你好！

手語星球

聾人幸福食堂

和我一起認識聾人文化

陳怡靜

技術士技能檢定「手語翻譯」職類術科測試監評人員（聾人）

聾人文化

聾人文化，與透過血緣、地區傳承的客家、原住民等 ...... 族群文化大不相同，最早從啟聰學校開始萌芽，而非在原生家庭中耳濡目染形成。有 90%-95% 的聾孩童父母是聽人[1][2]，大部分的聽人父母不會手語，因此，在 1940 年代義務教育實施後，適齡聾孩童會被送至啟聰學校就讀。

啟聰學校是一所聾人教育學校[3]，全臺共有三所，依成立順序分別是臺南、臺北、臺中[4]。早期因交通不便，大多聾孩童需要住校，其語言的學習除了學校老師會以手語進行課程外，大部分是透過與同儕朝夕相處的互動習得手語，在啟聰學校共同生活的環境下，聾人們得以建立人際關係、看見共同擁有的文化、群體生活的意念，在成長互動過程中逐漸產生了「聾人文化」，並對此擁有獨特的認同感。

---

1 「聽人」所指的是聽覺正常的人。

2 Janet DesGeorges（2016, April），Avoiding Assumptions: Communication Decisions Made by Hearing Parents of Deaf Children, from https://journalofethics.ama-assn.org/article/avoiding-assumptions-communication-decisions-made-hearing-parents-deaf-children/2016-04

3 1891 年，英國長老教會甘為霖牧師成立「青盲學」為臺灣第一所實施盲人點字教育之機構，1915 年改制為「臺南盲啞學校」，為全臺第一間收治聾人學生的學校，為「國立臺南啟聰學校」的前身。

4 1917 年成立臺北市立啟聰學校、1956 年成立臺中市立啟聰學校。

聾人的語言──手語

聾人使用的視覺語言即是手語，一種「看得見」的語言。由手形（handshape）、移動（movement）、位置（position）、手掌面向（palm orientation）、非手勢訊號（non-manual）共同組成，是視覺──手勢模式的 3D 語言。它不同於口語語序呈線性排列，手語具備立體空間性，能透過手勢、位置、動作的搭配，呈現事物之描述。

以「車子」為例（圖 1），它定著不動即是「車子」的意義，若前進就是「行駛」的意義，叫它往後即是「倒車」的意義，大家可以試著舉起手打看看「右轉」、「翻車」的手語。再來，雙手打「車子」的手語，讓它們的車頭相撞即是「車禍」。手語透過手形加上不同的移動、位置和手掌面向可以組合出不同的詞彙，還能夠立體呈現主詞與受詞的關係。

告訴你一個小秘密，手語還可以表達「兩個事物同時進行」的狀態，像是「我一邊講電話一邊吃東西」的手語就會同時打出「講電話」（圖 2）和「吃」（圖 3）來表達句子的意義。也因此，聾人在表達上會特別強調視覺、空間和動態的描述。

圖 1 車子

圖 2 講電話

圖 3 吃

在描述事情經過時，會以視覺空間、發生順序來表現，有如電影情節的鋪設，看聾人打手語就彷彿在觀賞一部生動的電影。

聾人文化和手語的關係

聾人會將眼前所見的各種事物以及共同的經驗，反映在手語詞彙的組成上，因此手語大多是聾人透過視覺管道觀察其外表或動作去模擬而來的，例如：「結婚」（圖4），兩手分別代表「男」及「女」，讓它們各往中間靠攏，代表男女相結合為夫妻；「醬油」，則會想到倒醬油的動作，加上醬油是黑色的，因此「醬油」手語打法是「黑色 倒（醬油）」（圖5）。

圖 4 結婚

圖 5 醬油

筆者的求學階段皆在啟聰學校，聾人在學校揮舞著雙手，與老師、同學溝通無礙，在這樣的互動中自然而然發展出聾人文化，比如：生活模式、歸屬感、自我認同等等。在生活上，把鬧鐘及手機的聲音改用閃光或是震動的方式提醒；在學校，上下課用指示燈，紅燈亮即上課，綠燈亮即下課；在會議或課程會以關燈、開燈的方式吸引聾人的注意；而大家最常用的鼓掌，我們則是雙手高舉過頭，用力揮舞來取代掌聲。

聾人文化的核心價值

　　等到聾人畢業踏出校門後，在如此仰賴聽覺器官傳遞及接收資訊的聽人社會中工作，聾人無法像在學校生活般暢所欲言，在接收訊息上也無法像在學校時能夠 100% 地參與，僅能憑片斷資訊拼湊出大致概念，但經過片段拼湊的訊息又常常與事實有落差。唯有讓聾人對於各項事務能夠充分掌握完整的資訊，才有機會參加社會活動，進而提升聾人的社會地位，聾人在社會上的價值才能得到肯定，下一代的聾小孩才有學習的榜樣。

　　儘管現代醫學、科技的進步，出現了電子耳或助聽器等聽力輔具，希望讓聽不見聲音的聾人能夠進入有聲世界，但是他們發現即使聾人聽見了聲音，主流社會仍然聽不見聾人的聲音，因此轉而踏入聾人社群尋求自我認同，開始學習手語、認識聾人文化，並持續探索曾經錯失的聾人價值。

　　我們期盼有更多人看見聾人的好、手語的美以及聾人文化的價值，讓「聾聽平權」不只是口號，期盼「無障礙」、「機會均等」及「尊重差異」的理念深植社會上每一個人的心中，並實踐於你我日常生活中。

Chapter 1

很高興
見到你

■ 打招呼用語
■ 介紹名字

單 / 字 / 練 / 習

掃描 QR 碼看教學影片

 你

一手食指指向對方。

 TIPS
若無特別標註左手或右手，
打手語時則以慣用手為主。

我

一手食指碰胸口。

他

一手食指指向他方。

 TIPS
指向方向會隨著要表示的
人的所在位置而不同。

你們、大家

一手食指在胸前畫圈。

 TIPS　向著前方的大家畫圈，手離身體有段距離。

我們

一手食指在胸前畫一小圈。

 TIPS　「我們」較靠近身體內側，與「你們、大家」的差別在於畫圈的大小和位置。

好（問候語）

一手握拳碰鼻。

 TIPS　用作打招呼＋眼神注視時，有「你好」的意思。

謝謝

一手大拇指朝上，在胸前重複彎曲。

聾人

雙手五指伸直，一手蓋住耳朵，另一手蓋住嘴巴。

聽人

雙手食指伸直，分別在耳邊及嘴前重複前後移動。

手語

雙手張開，在胸前從外往內交互繞圈。

單元一 很高興見到你

13

手語名字

1 一手五指伸直，掌心朝內，繞臉一圈。
2 五指伸直，指背貼臉頰。

聾人除了有一般姓名之外，通常還有手
語名字，是依照特徵取名。請見本單元
聾人小知識第二點說明。

名字₁

一手掌心朝外，一手大拇指伸
直碰另一手掌心。

蓋印章的樣子。

名字₂

一手食指和大拇指伸直，
呈約 45 度角，橫放於胸前。

姓

1 一手掌心朝外，一手大拇指伸直碰另一手掌心。
2 一手大拇指和食指抓另一手的食指。

 姓，由「名字」＋「第一個」組成，
名字 1 和名字 2 通用。

見面

雙手食指與中指伸直，
指尖相向，同時往中間移動。

 指向方向會隨著要表示的
人的所在位置而不同。

開心

雙手張開，掌心朝內，
左右手在胸前一上一下移動。

棒₁

一手在胸前用力比出大拇指。

棒₂

一手五指伸直，掌心朝下，
另一手拍打手背。接著五指
拉起，在胸前比出大拇指。

會

一手從另一手手背往外移動。

不會

一手拍另一手手背往內移動。

TIPS 「會」、「不會」手勢相同，
移動方向相反。

是

一手大拇指朝掌心彎曲，
其餘四指伸直，食指碰下顎。

TIPS 「是」的手語，若做疑問的
表情則表示「是嗎？」

不是

雙手大拇指與食指伸直，
手腕左右轉動。

一樣

雙手掌心朝上，食指和大拇指指尖重複捏起。

不一樣

雙手食指和大拇指指尖接觸成圈，其餘緊閉，從掌心朝下轉成掌心朝上，並且食指和大拇指打開。

可以

一手小指指尖碰觸下巴。

TIPS

「可以」的手語，若做疑問的表情則表示「可以嗎？」

不可以

一手食指伸直，
在下半臉前往下移動。

TIPS

食指要畫過臉部前方。

我們兩個

一手食指和中指伸直，掌心朝
上，在胸前靠近肩膀位置微微
左右擺動。

TIPS
根據食指和中指指向不同，
可以表示「他們兩個」、「你
們兩個」。

聊天

雙手五指伸直張開，掌心相碰，
一手並重複上下移動。

什麼

一手食指往上伸直放在胸前，
左右晃動。

一點點、少

一手掌心朝上，
大拇指彈食指指尖。

對 / 話 / 練 / 習

-1-　-2-

掃描 QR 碼看教學影片

-1-

A：你好！你 聾人？
B：是，我 聾人。
A：你 手語名字 什麼？
B：我 手語名字 ＿＿＿，你 什麼？
A：我 手語名字 ＿＿＿。
B：見面 開心。
A：我 一樣。

翻譯

A：你好！你是聾人嗎？
B：是的，我是聾人。
A：你的手語名字是什麼？
B：我手語名字是 ＿＿＿，你呢？
A：我手語名字是 ＿＿＿。
B：很高興見到你。
A：我也是。

-2-

A：你 手語 會 不會？
B：我 手語 會 一點點。
A：他 手語 會 不會？
B：他 手語 不會。
A：你 手語 棒 1。
B：謝謝。

翻譯

A：你會不會手語？
B：我會一點點手語。
A：他會不會手語？
B：他不會手語。
A：你手語很棒。
B：謝謝。

短 / 文 / 練 / 習

掃描 QR 碼看教學影片

你們 好，我 手語名字 ＿＿＿，我 聽人，我 手語 會，我們兩個 手語 聊天 可以，見面 開心。

翻譯

你們好，我的手語名字是 ＿＿＿，我是聽人，我會手語，我們兩個可以用手語聊天，很開心見到你。

學習重點

● 手語的疑問詞「什麼」、「會不會」、「有沒有」通常放在句末。
  如：「你 手語 會不會？」（翻譯：你會不會手語？）、
  「你 手語 名字什麼？」（翻譯：你的手語名字是什麼？）

● 手語沒有使用「是」、「的」、「和」的連接詞，
  如：「我 手語名字＿＿＿。」（翻譯：我的手語名字是＿＿＿。）、「我 聽人。」（翻譯：我是聽人。）

聾人小知識

「聾人」或「聽障」，該如何稱呼他們比較有禮貌呢？

「聽不見」這件事情，若從生理角度來看，會認為它是一種障礙，因此稱它為「聽障」（Hearing impaired）；然「聾人」（Deaf）這個稱呼不將「聾」視為障礙，而是一種特質，表示聾人的身分認同，正如「我是客家人」、「我是原住民」一樣，稱謂與身分認同有緊密的關係，「聾人」一詞背後也含括了對聾人文化的歸屬感。

為什麼聾人除了書寫的名字之外，還有手語名字？
「手語名字」是什麼？

「手語名字」是聾人文化很重要的一部分，他的命名是為了方便以手語指名喚叫，大多取自於個人臉部特徵、習慣動作或其它明顯的個人特色。從手語名字還可以看出這個人的生理性別，不過現在也漸漸出現中性的手語名字，不在手語名字中加上「男」、「女」。

如：有一個男生的鼻樑上有一顆痣，他的手語名字就會是「鼻痣男」；有一個女生總是戴眼鏡，「眼鏡女」就是她的手語名字。

鼻痣男

眼鏡女

動手玩

請蒐集三個人的手語名字並一一介紹。

如果身邊沒有聾人，也可以到雲林縣聽語障福利協進會的 Youtube 頻道找找看喔！

Chapter 2

這是我家人

■ 家庭成員

男

一手大拇指伸直，左右擺動。

女

一手小指伸直，左右擺動。

爸爸

一手食指與大拇指伸直，
食指碰觸臉頰後收起，
剩下大拇指伸直。

媽媽

一手食指與小指伸直，
食指碰觸臉頰後收起，
剩下小指伸直。

哥哥

一手中指伸直接觸臉頰，
再往上移動。

弟弟

一手中指伸直接觸臉頰，
再往下放。

兄弟

雙手中指伸直，掌心朝內，
在胸前一上一下。

姊姊

一手無名指伸直接觸臉頰，
再往上移動。

妹妹

一手無名指伸直接觸臉頰，
再往下放。

姊妹

雙手無名指伸直，掌心朝內，
在胸前一上一下。

結婚

一手大拇指伸直，一手小指伸
直，兩指相併。

TIPS
結婚，由「男」+「女」組成。
若同性婚姻則比「男」+「男」
或「女」+「女」。

丈夫

↔ 結婚 + 男。

↔

妻子

結婚 + 女。

孩子

雙手五指伸直，掌心朝外，
在肩上左右搖動。

朋友

雙手相握輕搖。

家

雙手掌心相對，指尖相觸，
成房子屋簷狀。

人₁

雙手食指伸直做「人」字形。

人₂

一手食指伸直，在胸前書寫「人」字形。

TIPS
手語在空書時，以打手語者的書寫方向為主，不需特意寫反。

家人

1 雙手掌心相對，指尖相觸，成房子屋簷狀。
2 接著，雙手食指伸直做「人」字形。

TIPS
家人，由「家」+「人₁」組成。

住

一手握拳，其手肘撐於另一手
手背上。

一起

雙手五指微彎，雙手相對，
在胸前往內相合。

有

一手五指伸直，掌心朝前。

沒有

一手掌心朝上，
在胸前重複開合。

有沒有

一手掌心朝前，重複開合。

TIPS 有沒有，是由「有」+
「沒有」組成的融合詞。

久

雙手食指和大拇指指尖相觸成
圈，雙手在胸前指圈碰觸後，
分別往兩旁移動。

TIPS 「長」、「遠」也是同一
手語。

誰

一手大拇指伸直，
其餘四指指背貼臉頰。

狗

雙手大拇指觸太陽穴，
其餘四指重複往下彎動。

TIPS 狗耳朵上下動的樣子。

再

一手食指和中指伸直，往下甩。

多久

1 一手指尖朝前，另一手大拇指和食指伸直觸其掌心，
　並往下轉動。
2 接著，雙手食指和大拇指指尖相觸成圈，雙手在胸前
　指圈碰觸後，分別往兩旁移動。
3 接著，雙手食指和大拇指指尖相觸成圈，在胸前掌心
　相對互相靠近。

多久，由「時間」+「長」+「短」組成。

認識

1 一手食指伸直，在臉前逆時針繞圈。
2 接著，一手握拳重複敲胸。

TIPS

認識，由「臉」＋「知道」組成。

不認識

一手大拇指伸直，其餘四指
指背貼於臉頰，接著五指指
尖朝前伸直移動。

對 / 話 / 練 / 習

-1- -2-

掃描 QR 碼看教學影片

-1-

A：她 你 姊姊？
B：是，她 我 姊姊。
A：你 兄弟 有沒有？
B：我 弟弟 有。
A：你 住 一起 誰？
B：我 弟弟 我們兩個 住 一起。

翻譯

A：她是你的姊姊嗎？
B：是，她是我的姊姊。
A：你有兄弟嗎？
B：我有弟弟。
A：你和誰住在一起？
B：我和弟弟兩個人住在一起。

-2-

A：我 媽媽 你 認識？
B：你 媽媽 我 認識。
A：你們兩個 朋友 是？
B：是，我們兩個 認識 久。

翻譯

A：你認識我媽媽嗎？
B：我認識你媽媽。
A：你們是朋友嗎？
B：是呀，我們認識很久了。

短 / 文 / 練 / 習

掃描 QR 碼看教學影片

我 爸爸 媽媽 3人 住 一起，再 狗 一。

翻譯

我和爸爸、媽媽三個人住在一起，還有一隻小狗。

學習重點

● 描述「人數」在手語裡面有兩種方式：

1 先打「人 1」，再打「數量」。

2 「數量」和「人 2」以左右手分別打出並同時呈現，
  這個方式的「人」是在空中寫出人字的打法。

● 描述我和某人兩個人住在一起的句型是「我＋某人＋我們兩
  個＋住＋一起」。

  如：「我 弟弟 我們兩個 住 一起。」（翻譯：我和弟弟兩
  個人住在一起。）

● 描述我和很多人住在一起的句型是「我＋某人 A＋某人 B＋某
  人 X＋幾人＋住＋一起」。

  如：「我 爸爸 媽媽 3人 住 一起」（翻譯：我和爸爸、
  媽媽三個人住在一起。）

聾人小知識

父母親如何陪伴聾孩子呢？

聾孩子學習手語後，就無法開口說話了嗎？

0-3 歲是第一語言學習黃金期，若給予孩子大量的語言刺激，可以幫助孩子學習詞彙，對認知發展很重要。

許多國內外的研究證實，越早提供手語的語言給聾孩子，用第一語言（臺灣手語）去學習第二語言（書面語），能夠幫助他們用手語去理解書面語字句的意義，提升聾孩子的認知與學習發展，並對其日後的學業表現、人際互動都有幫助，孩子也能與父母有更多互動，增進親子關係。

動手玩

介紹一下自己的家庭成員。

Chapter

3

身高
一七二公分

■ 數字應用

■ 描述年齡、身高、體重

單 / 字 / 練 / 習

掃描 QR 碼看教學影片

多少

一手大拇指朝掌心彎曲，其餘伸直，掌心朝內，在胸前由食指依序彎起。

幾歲

一手大拇指朝掌心彎曲，其餘伸直，掌心朝下，手背觸於下巴處，由食指依序彎起。

今天、現在

雙手掌心朝下，上下重複移動。

昨天

一手食指置於肩膀處往後指。

明天

一手食指觸太陽穴，
彈出轉成掌心朝外。

TIPS

手語的時間軸以身體為軸心，
往前是未來。如：「明天」；
在身後的是過去，如：「昨天」。

後天

一手食指及中指伸直，觸太
陽穴，彈出轉成掌心朝外。

TIPS

明天為一天後，手比數字 1。
後天為兩天後，手比數字 2。

年

1 一手食指和大拇指指尖接觸成圈，
　其餘握緊。
2 另一手食指在其圈形指尖上，從上
　往下、從外往內繞一圈，然後停在
　圈上。

今年

今天＋年。

去年

一手食指和大拇指接觸成圈，
另一手食指從圈形指尖處往肩
膀後移動。

TIPS

注意「去年」的手語並
非「昨天」+「年」組成。

明年

明天 + 年。

後年

後天 + 年。

工作

雙手握拳,在胸前重複上下對敲。

讀書

雙手掌側相碰。

TIPS

看書的樣子。

畢業

雙手握拳,於頭部兩側先是掌心朝內,再轉成掌心朝外。

高

一手掌心朝下，從肩膀處往上移動。

TIPS
「身高」也是同一個手語。

矮

一手掌心朝下，從上往下移動。

重

雙手平放在胸前，掌心朝上，往下一放。

輕

雙手平放在胸前，掌心朝上，往上重複輕撥。

全部

雙手掌心朝下畫圓，
以雙手掌心相碰為終點。

像

雙手大拇指與食指伸出，指尖
接近。掌心朝上，在胸前逆時
鐘旋轉。

二十

一手食指、中指彎曲，
其餘握緊，放於胸前。

 TIPS
完整數字表請參考書末。

百₁

一手大拇指、食指和中指指尖
接觸，其餘伸直，掌心朝外。

百₂

一手食指平放在胸前，
手腕往上轉動。

百₃

一手握拳，掌心朝外，
接著彈出食指比一。

單元三　身高一七二公分

一百八十

1 一手大拇指、食指和中指指尖接觸，
　其餘伸直，掌心朝外。
2 一手小指握緊，其餘彎曲，放於胸前。

TIPS 一百八十，由「百」+「八十」組成。
　　　「百」的用法有三種，百 1、2、3 皆可使用。

一百五十五

1 一手大拇指、食指和中指指尖接觸，
　其餘伸直，掌心朝外。
2 一手大拇指彎曲兩次，其餘握緊。

TIPS 一百五十五，由「百」+「五十五」組成。
　　　「百」的用法有三種，百 1、2、3 皆可使用。

對 / 話 / 練 / 習

掃描 QR 碼看教學影片

-1- -2-

-1-

A：你 幾歲？
B：我 年齡 20。
A：你 現在 讀書 工作 什麼？
B：我 工作。
A：你 今年 畢業？
B：是。

翻譯

A：你幾歲？
B：我二十歲
A：你現在在讀書還是工作？
B：我在工作了。
A：你今年畢業嗎？
B：是的。

-2-

A：你 高 多少？
B：我 180。
A：你 家人 全部 高？
B：不是，我 爸爸 180，
　　媽媽 155。

翻譯

A：你身高幾公分？
B：我身高 180 公分。
A：你的家人都很高嗎？
B：不是，我爸爸身高 180 公
　　分、媽媽身高 155 公分。

單元三 身高一七二公分

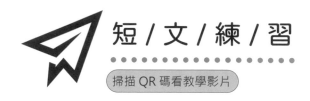

我 年齡 16 ，高 172，重 61。
我 哥哥 年齡 20，他 高 175，重 80。
我們兩個 年齡 身高 像。

翻譯

我 16 歲，身高 172 公分，體重 61 公斤。
我哥哥 20 歲，身高 175 公分，體重 80 公斤。
我們兩個的年齡和身高差不多。

NOTE /

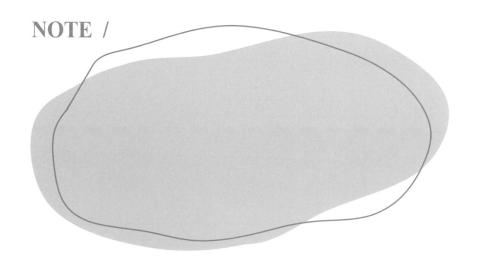

● 「選擇問句」是當我們希望對方在兩項或以上的選擇中作決
　定時，所使用的問句方式。在手語裡面，會先將要選擇的事
　物分左右兩邊打出來，在句末加上「什麼」。
　如：「你 現在 讀書 工作 什麼？」（翻譯：你現在在讀書，
　還是在工作？）

|你|現在|讀書|工作|什麼|

● 在對話中問人身高，如：「A：你 高 多少？ B：我
　180。」（翻譯：A：你身高幾公分？B：我身高180公分。）
　B在回答時可省略「高」一詞，並不影響語意，可以清楚知
　道回答的「180」是在說「身高」。

● 短文中的「我們兩個的年齡和身高差不多。」的「差不多」，
　聾人會使用「像」來描述年齡和身高相近。

聾人小知識

若生活中遇到聾人該怎麼與他們溝通呢？
除了手語之外有其他方法嗎？

手語是一種視覺性的語言，是聾人之間主要的溝通方式。若不熟悉手語，也可用筆談的方式溝通。此外，並非所有聾人都會使用手語，有些人選擇戴聽力輔具（助聽器、人工電子耳），以口語作為主要溝通方式。

若要用手語與聾人溝通時，可以在對方能看到的視線內用揮手之方式引起注意，待視覺接觸後再開啟對話，要盡量避免從背後直接碰觸或是抓住衣服之舉動，可能會造成對方不舒服或受到驚嚇。

動手玩

量一量自己的身高、腳底、手臂各有幾公分，
並練習打出來吧！

Chapter 4

約中午
十二點見面

■ 和人約時間

■ 描述日期、星期、時間

單／字／練／習

掃描 QR 碼看教學影片

時間

一手指尖朝前，另一手大拇指
和食指伸直觸其掌心，並往下
轉動。

幾點

一手比「多少」，
置於另一手手腕處。

八點

手比數字八，在另一手手腕碰
一下後抬起。

TIPS
更換數字即可表示不同
整點時間。

八點三十分

八＋三十。

TIPS
電子鐘呈現時間的樣子。

早上

一手握拳在頭旁往下拉。

中午

一手食指和中指朝上伸直，
擺在額頭中間。

中午十二點的樣子。

晚上

雙手掌心朝外，在臉前交叉。

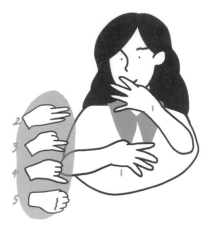

日期、幾月幾日

雙手在胸前一上一下，掌心朝
內，雙手大拇指往掌心彎曲，
其餘伸直，由食指依序彎起。

 TIPS　模擬傳統日曆排法，上面的
「多少」表示月份，下面的
「多少」表示日期。

月

一手大拇指和食指指尖接觸，
其餘握緊，往下打開畫弦月形，
再指尖接觸。

日

一手食指、中指與無名指微彎
且併攏，三指壓在大拇指上，
掌心朝內。

 TIPS　手形為先比「三」再收指。

星期幾

一手大拇指、食指和中指伸直，
橫放胸前。另一手比「多少」。

TIPS

星期幾，由「七」+「多少」
組成。手比「七」表示一
週七天。

星期三

一手大拇指、食指和中指伸直，
其餘握緊，掌心朝內。另一手食
指、中指和無名指伸直。

準時

一手在胸前比食指，另一手貼前手
手背，食指從手腕轉到直立。

55

遲到

一手五指平身，指尖朝前。另一手大拇指、食指垂直伸出，從旁朝掌心移動，大拇指觸掌心。

約、約會

雙手五指伸直併攏，上下相碰後，交換上下位置再相碰。

記得

一手握拳貼於頭旁。

忘記

一手五指彎曲且指尖相觸，
在太陽穴旁往上移動並同時
五指打開。

上課

1 一手大拇指和食指伸直往上移動。
2 接著，一手大拇指和食指相觸成一圓圈，另一手仕其
　手腕下平攤，掌心朝下，雙手交叉往內拉。

 TIPS　上課，還有另外一種打法是單手模擬上下
　　　課鐘響搖鈴的動作，如圖。意指課堂的開
　　　始。

單元四　約中午十二點見面

吃飯

一手在嘴巴前做扒飯狀，
另一手接近下巴做拿碗狀。

 TIPS

拿著碗吃飯的樣子。

幸好

一手掌心朝下，
碰額頭後往外揮出 。

要

雙手指尖相觸，
在胸前往內移動。

不要

雙手指背相觸，再往前打開。

對 / 話 / 練 / 習

-1- -2-

掃描 QR 碼看教學影片

-1-

A：現在 幾點？
B：8 點。
A：我 8 點 30 分 上課 要。
B：你 遲到 沒有 幸好 。

翻譯

A：現在幾點？
B：8 點。
A：我 8 點 30 分要上課。
B：幸好你沒有遲到。

-2-

A：我們兩個 今天 中午 約 有。
B：今天 幾月幾日？
A：今天 五月十日 星期三。
B：我 忘記！
A：我們兩個 今天 中午 12 點 見面。
B：我 準時 會。

翻譯

A：我們今天中午有約喔。
B：今天是幾月幾日？
A：今天是五月十日星期三
B：啊！我忘記了！
A：我們今天中午 12 點見喔！
B：我會準時的。

單元四 約中午十二點見面

掃描 QR 碼看教學影片

今天 5 月 8 日 星期六，我 朋友 一起 吃飯，
我們 約 中午 12 點 30 分 見面。

翻譯

今天是 5 月 8 日星期六，我和朋友一起吃飯，
我們約中午 12 點 30 分見面。

學習重點

● 中文的「我們」在手語裡面會視是否有特定人數或多人，手
語的詞彙可選擇「我們兩個」、「我們三個」、「我們四個」，
三人以上或人數未知時，則使用「我們」。
如：「我們今天中午有約喔。」在對話中可知其為兩人對話，
因此手語打法為「我們兩個 今天 中午 約 有。」；
短文的「我和朋友一起吃飯，我們約中午 12 點 30 分見面。」
在敘述中不知其朋友有幾位，因此中文的「我們」在手語詞
彙的選擇用「我們」而非「我們兩個」。

聾人小知識

對從零開始學習手語的人來說，要多久才可以學會手語呢？

這個問題因人而異，沒有標準答案，可以透過增加詞彙量、熟悉手語語法，並實際用手語與聾人交談等方式幫助學習。就像其他語言一樣，手語也依據地區和文化不同而有不一樣的使用方式，例如臺灣北、中、南部的手語就有些微不同，因此學習手語，還需要更全面地理解聾人文化，才算真正掌握了手語。

而臺灣目前有手語翻譯檢定考試，分為乙級與丙級，能夠以手語對話與手語翻譯是不同的專業，就像會使用英語聊天的人，不一定能做英語翻譯一樣，所以還是要看你學習手語的目的是什麼，再擬定相應的學習計畫喔。

動手玩

找到一張發票，分享這張發票上的日期和花了多少錢吧！

我喜歡
跳舞

■ 喜歡的事物
■ 頻率副詞

單 / 字 / 練 / 習

掃描 QR 碼看教學影片

喜歡₁

一手食指和大拇指指尖接觸
成圈,其餘緊閉,在臉頰重
複往下移動。

喜歡₂

一手食指和大拇指接觸成圈,
放喉嚨處。

不喜歡₁

一手食指和大拇指指尖接觸成
圈,其餘伸直,從臉頰旁往外
打開成五指伸直。

不喜歡₂

一手食指和大拇指接觸成圈,
放喉嚨處,再往外打開,同時
大拇指和食指伸直。

單元五 我喜歡跳舞

困難

一手食指和大拇指捏臉頰。

簡單

一手掌心朝內，另一手食指伸直，重複在其掌心從上往下移動。

畫畫

雙手掌心朝上，一手指背在另一手掌心上重複移動。

運動

雙手握拳，掌心朝外，同時在肩膀上方重複上下移動。

TIPS

拉單槓的樣子。

旅行

一手放在臉前，掌心朝內，
重複往側邊擺動。

拍照

雙手大拇指及食指彎曲放於
眼前，一手食指重複彎起。

使用數位相機拍照的樣子。

跳舞

雙手五指伸直，
手腕分別在左右肩上轉動。

唱歌

一手五指微彎，
在嘴前往旁邊來回移動。

電影

雙手掌心朝內，一前一後放於臉前，上下交替擺動。

無聊

雙手放置胸前，手指相疊後，掌心朝內，雙手大拇指轉動。

學習、效仿

一手大拇指伸直不動，另一手從其後往後拉，並合起五指指尖輕觸。

想

一手食指微彎在太陽穴重複轉動。

看

一手大拇指和食指捏起成圈，
掌心朝外，放於眼前。

欣賞

一手五指彎曲放在眼睛下方，
重複開合。

練習

雙手握拳，掌心朝內，
重複敲胸部。

去

一手食指伸直往前移動。

常常

雙手食指伸直，
在太陽穴旁旋轉。

偶爾

一手五指張開放在胸前，掌心
朝側，除食指外，其餘四指重
複開合。從胸前一側往另一側
移動。

每天

一手食指伸直，重複碰太陽穴
後敲打另一手手掌心。

 做

雙手握拳一上一下放在胸前，
兩拳互相敲打。

 「工作」是兩拳重複敲打、
「做」是兩拳敲打一下。

玩

雙手食指伸直，掌心朝前，放
於頭旁，往兩側左右移動。

對 / 話 / 練 / 習

掃描 QR 碼看教學影片

-1- -2-

-1-

A：你 電影 欣賞 喜歡₁？
B：我 電影 欣賞 不喜歡₁。
A：我 去 電影 欣賞 常常。
B：我 運動 喜歡₁。
A：我 運動 喜歡₁ 一樣。

翻譯

A：你喜歡看電影嗎？
B：我不喜歡看電影。
A：我常常去看電影。
B：我喜歡運動。
A：我也喜歡運動。

-2-

A：你 喜歡₁ 做 什麼？
B：我 跳舞 喜歡₁。
A：我 畫畫 喜歡₁。
B：畫畫 困難 會 不會？
A：困難 不會，畫畫 玩 棒₁。
B：我 畫畫 學習 想。

翻譯

A：你喜歡做什麼？
B：我喜歡跳舞。
A：我喜歡畫畫。
B：畫畫會不會很困難？
A：不困難，畫畫很好玩。
B：我想學畫畫。

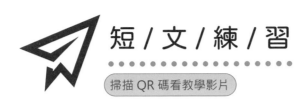

掃描 QR 碼看教學影片

我 旅行 喜歡 1，我 拍照 喜歡 1 一樣，
我 每天 拍照 練習 會。

翻譯

我喜歡旅行，我也喜歡拍照，
我每天都會練習拍照。

學習重點

● 中文的「也」在手語裡面是「一樣」，會放在句末，
如：「我 拍照 喜歡 一樣。」（翻譯：我也喜歡拍照。）

● 頻率副詞如：「常常」、「偶爾」或是表示特定時間的「每
天 一次」，通常放在句尾或是動詞前後，
如：「那裡 我 去 吃飯 常常。」（翻譯：我常常去那裡吃飯。）
或「我 男朋友 約會 每星期 七次。」（翻譯：我每個星期
和男朋友約會七次。）

● 「我喜歡做某事」的手語句型為「我＋某事＋喜歡」。
如：「我 旅行 喜歡。」（翻譯：我喜歡旅行。）

單元五　我喜歡跳舞

71

聾人小知識

對聽人而言，音樂、電影、戲劇都是普遍的娛樂，也曾見過手語歌的表演，聾人是否會接觸這些娛樂呢？

大學社團中經常會出現手語社團，不過若不知道聾人真正使用的語言及其文化內涵，只是用逐字的方式呈現既有歌曲，那麼就無法呈現手語真正的美。

至於舞蹈、電影、戲劇，雖然都與音樂有關連，但音樂並非唯一元素，聾人的視覺、觸覺感官極敏銳，透過字幕、手語戲劇、燈光變化與地板震動，也可以享受和融入這些娛樂之中。

動手玩

拍下一張與個人興趣有關的照片，並試著用這單元學到的句型與大家分享！

Chapter 6

他短髮、戴眼鏡

■ 描述外貌特徵

單 / 字 / 練 / 習

....

掃描 QR 碼看教學影片

短髮

雙手平伸,指尖朝後,掌心朝下,在肩上前後移動。

長髮

雙手平伸,指尖朝後,掌心朝下,從耳旁往下移動到肩膀。

襯衫

雙手食指和大拇指從脖子處往下移動並且合起。

 TIPS

襯衫領子的形狀。

短袖

一手四指併攏,在另一手穿短袖處往內移動。

 TIPS

「短袖」是模擬短袖衣服的袖長,位置在上臂處;「長袖」的手語位置就是在手腕處囉!

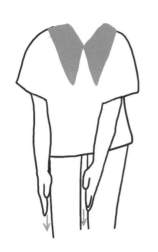

長褲

雙手平伸，掌心相對，
從一大腿兩側往下移動。

短褲

雙手弓起，垂於身體兩側，
掌心朝上，在穿短褲處往外
移動。

裙子

雙手五指張開，指尖朝下，
掌心朝外，置於腰部，從內
往外波浪狀移動。

 百褶裙的樣子。

帽子

一手五指張開，掌心朝下，
置於頭頂上方。

TIPS

戴圓帽的樣子。

眼鏡

雙手大拇指、食指彎曲，
置於眼前兩側。

TIPS

戴眼鏡的樣子。

鞋子

一手手指自然彎曲，掌心朝
上；另一手五指張開，掌心朝
下，往前伸進其手掌上。

TIPS

一隻腳套進鞋子的動作。

衣服

一手大拇指、食指指尖伸直，
捏起衣服。

穿衣服

雙手握拳，從兩側肩膀上往
胸前移動。

TIPS 「穿衣服」是模擬穿衣服的
動作；「穿褲子」，則是模
擬穿褲子的動作。

化妝

雙手五指併攏，在兩側臉頰
上重複畫圈作擦拭狀。

正式

雙手掌心相對，
從頭旁兩側往前移動。

開會

雙手大拇指伸直朝上，掌心朝內，其餘指背相碰幾下。

為什麼

一手五指伸直，指尖朝前，手腕左右晃動。

等一下

一手手背重複碰觸下巴。

胖

雙手五指微微彎曲，掌心相對，
在臉頰旁往外一移，同時鼓頰。

瘦

雙手貼頰往下移動。

帥

一手食指與中指伸直，
在下巴處往旁邊移動。

漂亮

一手掌心朝內，
在下半臉前重複移動。

原來

雙手大拇指與食指伸直，從肩膀處往下移動，同時大拇指與食指合起。

下一個

一手食指伸直掌心朝下，往旁翻轉成掌心朝上。

那、那裡

一手食指伸直，指尖朝外點。

TIPS　指尖指向會隨著表示的地方不同而改變。

對 / 話 / 練 / 習

-1-　　　　　　　　-2-

掃描 QR 碼看教學影片

-1-

A：那 女 短髮 誰？
B：她 我 朋友。
A：下一個 女 長髮 誰？
B：她 我 不認識。
A：她們兩個 漂亮。

翻譯

A：那個短髮的女生是誰？
B：她是我的朋友。
A：旁邊那位長髮的女生是誰？
B：我不認識她。
A：她們兩個好漂亮喔！

-2-

A：你 今天 襯衫 長褲 為什麼？
B：我 等一下 去 開會。
A：原來，你 今天 穿衣服 正式。
B：你 今天 戴帽子 短袖 短褲，
　　為什麼？
A：我 等一下 去 玩。

翻譯

A：你今天為什麼穿襯衫和長褲？
B：我等一下要去開會。
A：原來，你今天穿得好正式。
B：你今天為什麼戴帽子、穿短袖
　　和短褲？
A：因為我等一下要出去玩。

 短／文／練／習

掃描 QR 碼看教學影片

那 男 高 胖 戴眼鏡；那 女 高 瘦 戴帽子；
再 一 女 矮 襯衫 長褲。他們 你 認識？

翻譯

那位男生又高又胖、戴著眼鏡；那位女生瘦瘦高高的、
戴帽子；還有一個女生，矮矮的、穿襯衫和長褲。
你認識他們嗎？

 學習重點

- 中文的「我認識他」，在手語的表達方式是「他 我 認識」，
先指出「被認識的人」，再指出主詞「我」，接著加上「認識」，
表達「人 A 認識人 B」。

- 臺灣手語裡沒有「因為」、「所以」的連接詞，句子和句子
之間直接透過組合傳遞連貫的語意，仍然可以理解句子的因
果關係。

聾人小知識

臺灣手語能夠國際通用嗎？

手語就像其他語言一樣，會因國家語言、文化不同而發展出不同的手語，臺灣使用的是「臺灣手語」，又因北、中、南部而略有不同，就好比臺語的「粥」在臺灣就有「muâi」、「mê」、「bêr」等發音，而手語的「**謝謝**」也可以看出南北方言的不同。

（北部）謝謝

（南部）謝謝

動手玩

請設計一位模特兒的外表和服裝，向大家介紹他！

Chapter 7

你們個性
不一樣

■ 描述人的個性與特質

單/字/練/習

掃描 QR 碼看教學影片

高中

一手大拇指與食指接觸成圈，
另一手五指張開，食指觸圈
後，往上移動。

同學

1 雙手五指微彎，雙手相對，在胸前往內相合。
2 雙手五指張開在胸前交疊，掌心朝內，雙手
　往外移動，大拇指和小指伸直，其餘緊閉。

 TIPS

同學，由「一起」+「學生」組成。

遇見、對於

雙手食指伸直，掌心相對，
在胸前從兩旁移至中心相碰。

看見

一手食指和中指伸直，
從眼旁往前移動。

TIPS

指尖指向會隨著表示的地
方不同而改變。

害羞

一手遮住臉，另一手食指在臉
頰重複往下移動。

認真

雙手掌心相對，在太陽穴兩側
前後快速移動。

安靜

雙手掌心朝下相疊，
再往兩側移動。

TIPS

往兩側移動的速度宜緩慢。

活潑

雙手大拇指與中指捏緊，食指
放太陽穴邊，大拇指與中指重
複彈開。

聰明

一手大拇指和食指捏起，其餘
緊閉，在太陽穴處彈開。

單元七 你們個性不一樣

87

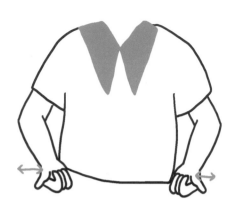

幽默

雙手伸出大拇指，其餘緊閉，
掌心朝上，重複輕敲腰旁。

懶惰

一手大拇指、食指和中指伸直，
掌心朝內，在鼻前往旁邊移動。

自己

一手食指伸直，
重複輕敲另一側胸前。

臉

一手食指伸直，
在臉前逆時針繞圈。

×2

個性

1 雙手食指伸直做「人」字形。
2 一手食指觸另一手握拳的手
　背，重複往後移動。

TIPS

個性，由「人１」+「習慣」組成。

沒關係

雙手大拇指和食指指尖相接
成圈，且兩圓圈相扣，然後五
指打開。

真、其實

一手大拇指伸直，
在胸前從下往上移動。

假

一手食指重複輕觸鼓起之臉頰。

適合

雙手大拇指與食指伸直，掌心
朝內，雙手往彼此方向移動，
相碰時折起食指指節。

不適合

雙手大拇指與食指伸直，掌心
朝內，食指指尖相觸後，一手
往前移動。

說話

一手食指伸直，
在嘴前重複前後移動。

不說話、沉默

一手五指指尖輕觸，大拇指與
食指側置於嘴前。

TIPS 「不說話」和「沉默」的手語
雖然一樣，但其語意可以從表
情及手語的上下文中區辨。

以為

一手食指、中指伸直，
掌心朝側，重複輕敲臉頰。

告訴

一手大拇指伸直，一手五指指尖相
碰，掌心朝外，往另一手位置移動，
打開成五指伸直。

知道

一手握拳敲胸數次。

不知道

一手五指伸直，指背貼著同
側胸口，重複往下移動數次。

對

雙手食指伸直，一手食指從
上往下打在另一手食指上。

不對

雙手食指伸直，上下相對，
上食指往下碰另一手食指後
往外移動。

對 / 話 / 練 / 習

掃描 QR 碼看教學影片

-1-

A：你們兩個 朋友？
B：是，我們兩個 高中 同學。
A：你 朋友 害羞。
B：他 遇見 不認識 害羞 會。
A：我 看見（他） 聰明 工作 認真。
B：對，我 自己 懶惰。
A：大家 個性 不一樣，沒關係。

翻譯

A：你們兩個是朋友嗎？

B：是，我們兩個是高中同學。

A：你朋友很害羞。

B：他遇到不認識的人會害羞。

A：我看他很聰明，工作很認真。

B：對，我就很懶惰。

A：大家的個性都不一樣，沒關係。

對／話／練／習

....

掃描 QR 碼看教學影片

-2-

A：你們兩個 聊天 常常？

B：對。

A：我 看見（他） 不說話，以為 他 聊天 不喜歡。

B：他 其實 幽默 棒₂，聊天 喜歡。

A：原來，你們兩個 適合。

翻譯

A：你們兩個很常聊天嗎？

B：對。

A：我看他不太說話，以為他不喜歡聊天。

B：他其實超幽默的，而且喜歡聊天。

A：原來是這樣，你們兩個很適合。

單元七 你們個性不一樣

掃描 QR 碼看教學影片

我 家 兄弟 三，臉 像，個性 不一樣。

哥哥 聰明，讀書 認真；弟弟 安靜 害羞，說話 一點點；

我 聊天 喜歡1，大家 告訴（我） 活潑 幽默。

翻譯

我們家有三個兄弟，長得很像，但是個性不同。

哥哥很聰明，讀書很認真；弟弟安靜又害羞，很少說話；

我喜歡聊天，大家都說我很活潑又幽默。

學習重點

● 臺灣手語「看見」是呼應動詞，會因為「某人」看見「某人／某物」的位置不同，影響其移動方向。

如：「我看見他」的句子裡，「看見」會從「我」的位置往「他」移動；若要表達「你看見我」，「看見」會從「你」的位置往「我」移動。

● 在臺灣手語裡「人＋不認識」是「陌生人」、「不認識的人」的意思。

但是在「他 遇見（人） 不認識。」（翻譯：他遇到不認識的人），這句話裡面，「不認識」前面的「人」被省略了，在中文裡也有類似的用法：「他遇到不認識的（人）。」

聾人小知識

聾人吵架是不是都很安靜？

很多人常稱聽力有困難的人為「聾啞」，以為聾就等於啞，這是錯誤的！

聽人在學說話時，是先聽、接著仿說來學習發音，聾人說話不清楚或是不會說話，主要是聽力困難而影響口語的學習，但是大部分聾人的發聲器官是沒有問題的，所以聾人在吵架的時候，還是可能會隨著情緒激烈而不自覺發出聲音喔。

還記得第一單元的聾人小知識嗎？裡面有提到如何稱呼聽不見的朋友比較禮貌，忘記了嗎？翻回去複習一下吧！

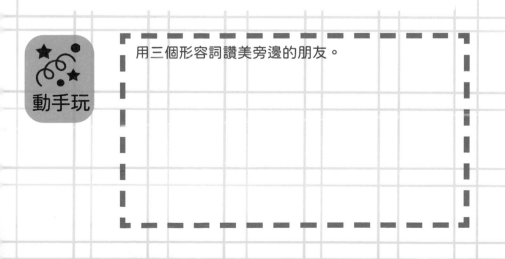

用三個形容詞讚美旁邊的朋友。

Chapter 8

一起吃晚餐

■ 描述食物

■ 選擇及意願的表達

單 / 字 / 練 / 習

掃描 QR 碼看教學影片

餓

雙手掌心朝內，
指尖輕碰肚子。

 TIPS 餓到肚子凹進去的樣子。

飽

雙手掌心朝內，
從腹部往外移動。

 TIPS 肚子飽脹的樣子。

飯、米

一手大拇指與食指捏起成圈，
另一手食指伸直重複敲於其上。

麵

一手掌心朝上橫放在胸前，
另一手食指和中指伸直從掌
心往上移動至嘴前。

 TIPS 一手捧著碗，另一手夾起
麵條吃麵的動作。

單元八 一起吃晚餐

炒飯

1 一手大拇指與食指捏起成圈，
　另一手食指伸直重複敲於其上。
2 雙手掌心朝上，同時往內上下重
　複移動。

TIPS　炒飯，由「飯」+「炒」組成。

便當

雙手五指張開彎曲，掌心相
對，上下相合。

TIPS　便當盒蓋住的樣子。

奶茶

1 一手食指彎曲放於嘴前。
2 一手五指平伸,掌心朝內,
　另一手輕抓手掌後往上移動。

TIPS

奶茶,由「奶」+「茶」組成。

飲料

一手五指彎曲,大拇指與四
指相對成半圓。一手伸出大
拇指與小指,小指指尖插入
另一手圈中。

TIPS

用吸管喝飲料的樣子。
除了可以當作名詞的「飲料」
之外,也可以當作動詞的「喝
飲料」意思。

單元八 一起吃晚餐

這兩個

1 食指與中指伸直比「二」，
　掌心朝內，放於胸前。
2 一手食指先指向另一手食指，
　再指向中指。

火鍋

一手五指張開彎曲，掌心朝
上。另一手食指、中指、無
名指伸直，掌心朝內，指尖
前後移動。

 TIPS　　　鍋下有火的樣子。

吃

一手五指尖接觸，
往嘴巴前重複移動。

有名

一手大拇指伸直貼於另一手掌
心，一起往外移動。

TIPS

與「名字₂」相似，蓋印章
的樣子。

菜

雙手中指彎曲，
從臉頰往上移動。

豬（肉）

一手手背貼於下巴後，
往前重複繞圈。

TIPS

在手語裡面，打出「雞」、
「豬」、「牛」除了是動物的
名稱，也可以是「雞肉」、「豬
肉」、「牛肉」。

雞（肉）

一手大拇指與食指伸直在嘴前，
重複捏起。

TIPS

雞喙的形狀。

牛（肉）

雙手大拇指與小指伸直，
大拇指觸太陽穴。

TIPS

牛角的形狀。

各式各樣

1 雙手大拇指與食指接觸成圈,置於胸前。
2 雙手大拇指及食指伸直,分別往左右移
　動,同時轉動手腕。

豐盛

一手握拳,在下巴處左右移動。

每次

一手食指伸出，掌心朝側，以
手掌側邊重複敲打另一手掌心。

第一名

一手食指放於另一手大拇指
前，從下往上移動。

餐廳1

1 一手五指張開彎曲，掌心朝上；
一手掌心朝內，從另一手往嘴巴
移動。
2 一手五指彎曲往下放。

TIPS

餐廳1，由「吃飯」+「地方」組成。

106

對 / 話 / 練 / 習

●●●●●●●●●●●●●●●●●●●●●●

掃描 QR 碼看教學影片

-1-

A：我 餓。
B：我們兩個 一起 去 吃飯。
A：好，你 吃 什麼？
B：我 炒飯 吃 要。
A：我 便當，再 奶茶 要。
B：我 奶茶 一樣。

翻譯

A：我肚子好餓喔。
B：我們一起去吃飯吧。
A：好啊，你要吃什麼？
B：我要吃炒飯。
A：我要吃便當，還要奶茶。
B：我也要奶茶。

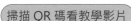

對 / 話 / 練 / 習

掃描 QR 碼看教學影片

-2-

A：飯 麵 這兩個 你 吃 什麼？

B：這兩個 我 不要。

A：（你）告訴（我） 吃 什麼？

B：我們兩個 去 火鍋 要 不要？

A：可以，那裡 火鍋 有名 我 知道。

B：那裡 火鍋 菜 豬肉 雞肉 牛肉 各式各樣 豐盛。

翻譯

A：你要吃飯還是吃麵？

B：這兩種我都不要。

A：你告訴我你要吃什麼？

B：我們要不要去吃火鍋？

A：可以啊，我知道那家火鍋很有名。

B：他們的火鍋有菜、有肉，很豐盛。

短/文/練/習

掃描 QR 碼看教學影片

那裡 餐廳₁ 有名，我 去 吃飯 常常，

火鍋 我 喜歡₁ 第一名，我 每次 去 吃 一樣。

···

翻譯

那家餐廳很有名，我常常去吃飯，

我最喜歡吃火鍋，我每次去都吃一樣的。

學習重點

● 在敘述連續發生的動作或事件時，手語會用「再」或是「下一個」來做句子間的承接。

如：「我 便當 想 吃，再 奶茶 要。」（翻譯：我想吃便當，還要奶茶。）

● 「火鍋 菜 豬肉 雞肉 牛肉 各式各樣 豐富。」（翻譯：火鍋有菜、有肉，很豐盛。）中，中文的「肉」總稱「豬肉、雞肉、牛肉」等，在手語裡面則會一一列舉出來。

同理，如「交通工具」一詞，手語表達會列舉各種交通工具，如：「你 今天 上課 汽車 機車 公車 什麼？」（翻譯：你今天搭什麼交通工具來上課？）

單元八　一起吃晚餐

聾人小知識

和聾人生活有哪些注意事項嗎？

聾人與聽人在生活習慣上的確有不同處，例如要引起聾人注意，可以用「開關燈」的方式取代叫喚；鬧鐘的選擇上使用震動和閃光的鬧鐘；廁所沒人時，保持門打開就不需要透過敲門來確認是否有人使用；聯絡聾人時則可以使用「視訊通話」或「文字訊息」。

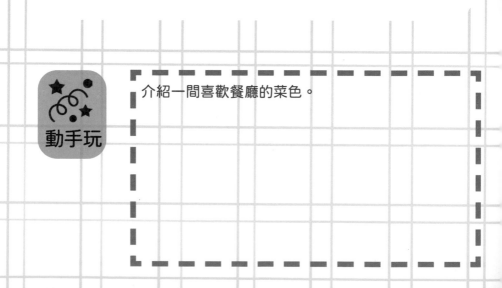

動手玩

介紹一間喜歡餐廳的菜色。

Chapter 9

你要去
哪裡？

■ 交通工具及方式

■ 描述 A 點到 B 點的移動

單／字／練／習

掃描 QR 碼看教學影片

走路

一手食指和中指伸直朝下，
兩指交替前後動，同時手往
前移動。

腳踏車

雙手握拳，雙手交替，重複
往前轉動。

 TIPS

可以當作名詞的「腳踏車」，
也可以當作動詞的「騎腳踏
車」。「機車」、「汽車」也
有相同的概念。

機車

雙手握拳，掌心朝下，
右手重複往上轉動。

汽車

雙手握拳，輪流上下移動，
如開車狀。

捷運

雙手食指與中指彎曲，
雙手掌心相對，往前移動。

公車

一手大拇指與食指從上捏住
另一手食指指尖，雙手一起
往前移動。

火車

雙手平伸胸前，掌心相對，
一手不動，另一手大拇指、
食指、中指伸直，往前畫
圈。

TIPS 蒸氣火車車輪運作的樣子。

單元九　你要去哪裡？

113

咖啡廳

1 一手食指和中指伸直併攏，
　在鼻樑旁輕點。
2 一手五指彎曲，四指併攏橫
　放，另一手食指和中指伸直，
　在其虎口內做攪拌狀。
　動作 1+2，表示「咖啡」。
3 一手五指彎曲往下放，表示
　「地方」。

 TIPS

咖啡廳，由「咖啡」+「地
方」組成。

不同名詞組合形成另一個
名詞是複合詞的概念。如，
「火車 + 地方」表示「火
車站」；「公車 + 地方」
表示「公車站」。

學校

1 一手傾斜，另一手從內往外繞一圈。
2 最後雙手掌心相對，指尖相觸，
　成房子屋簷狀。

7-11

一手大拇指、食指、中指伸
直，比「七」，掌心朝內，
置於另一手食指指尖上。

TIPS　　7-11 招牌的樣子。

公司

一手大拇指和食指伸直。另一
手大拇指和食指指尖捏起，往
下打開伸直。

TIPS　　俯看手形為「公」字。

早餐

早上 ＋ 吃飯。

 TIPS 「早餐」和「晚餐」的手語是複合詞形式，「早上＋吃飯」是早餐、「晚上＋吃飯」是晚餐，同時也有「吃早餐」、「吃晚餐」的意義。

晚餐

晚上 ＋ 吃飯。

哪裡

一手大拇指與中指捏起成圈
狀，掌心朝前，往下彈，並打
開伸直。

買

一手五指伸直，掌心朝上，
另一手大拇指與食指相觸成
圈，從其上方往前移動。

十分鐘

一手大拇指與食指相觸成圈，
另一手食指彎曲，手腕置於其
上，往前移動。

TIPS
根據手比數字不同，可表示
「三分鐘」、「七分鐘」等。

左右

一手掌心朝側邊，
在胸前左右移動。

遠

雙手大拇指和食指指尖相觸成圈，雙手在胸前指圈接近後，分別往兩旁移動。

TIPS

「長」也是同一手語。

近

雙手大拇指和食指指尖相觸成圈，在胸前掌心相對，互相靠近移動。

TIPS

「短」也是同一手語。

附近

雙手大拇指和食指指尖相觸成圈，一手在前一手在後，接著雙手前後對調。

方便

一手大拇指、食指、中指伸
直，在鼻前往同側方向移動，
後食指、中指收起。

熱鬧

雙手掌心相對，放於胸前，
雙手輪流前後移動，同時五
指擺動。

完

一手五指伸直，指尖朝前，
另一手以四指指尖重複觸其
掌心。

 對 / 話 / 練 / 習

掃描 QR 碼看教學影片

-1-

A：你 去 哪裡？
B：我 去 晚餐 買。
A：你 晚餐 買 哪裡？
B：我 去 7-11 晚餐 買。
A：你 去 7-11 走路 騎腳踏車 什麼？
B：走路。

翻譯

A：你去哪裡？
B：我去買晚餐。
A：你去哪裡買晚餐？
B：我去 7-11 買晚餐。
A：你要怎麼去 7-11 ？
B：走路。

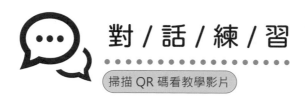

對 / 話 / 練 / 習

掃描 QR 碼看教學影片

-2-

A：你 家 咖啡廳 去（家→咖啡廳） 多久？
B：我 家 咖啡廳 開車（家→咖啡廳） 十分鐘 左右。
A：你 家 學校 騎機車（家→學校） 多久？
B：十五分鐘。
A：咖啡廳 學校 這兩個 你 家 附近 方便。

翻譯

A：你家去咖啡廳要多久？
B：我家到咖啡廳開車十分鐘左右。
A：從你家到學校騎機車要多久？
B：十五分鐘。
A：咖啡廳和學校都在你家附近，很方便。

單元九 你要去哪裡？

121

 短 / 文 / 練 / 習

掃描 QR 碼看教學影片

> 我 每天 吃早餐 完,
> 再 公司 搭公車(我→公司) 工作。
>
> ┈┈┈┈┈┈┈┈┈┈┈┈┈┈┈┈┈┈┈┈┈┈┈┈┈┈┈┈┈
>
> **翻譯**
>
> 我每天吃完早餐,然後搭公車去公司上班。

 **學習重點**

- 描述我去做某事的句型為「我 + 去 + 某物 + 買」。
  如:「我 去 晚餐 買。」(翻譯:我去買晚餐。)

- 承上,如果要加上我去某個地點做某事,句型為「我 + 去 + 地點 + 某物 + 買」。
  如:「我 去 7-11 晚餐 買。」(翻譯:我去 7-11 買晚餐。)

- 「汽車」、「機車」、「腳踏車」等交通工具在手語裡是動名詞同形,當「腳踏車」固定在同一位置時,可以為名詞,若有從 A 點到 B 點的移動時,可做為動詞「騎腳踏車」使用。
  如:「我 腳踏車 三 有。」(翻譯:我有三輛腳踏車。);
  「我 學校 騎腳踏車(我→學校)。」(翻譯:我騎腳踏車去學校。)

聾人小知識

聾人可以開車嗎？

聾人當然可以開車！聾人非常擅長用眼睛觀察周邊環境，視覺通常較聽人敏銳，在行車時會特別注意交通安全。

而且，在《身心障者報考汽車及機車駕駛執照處理要點》第 3 條及《道路交通安全規則》第 65 條提到聾人可以考機車駕駛執照、小型車普通駕駛執照，且應考時得以手語代替。

動手玩

簡單介紹一下你是怎麼去上課／上班的，以及要花多少時間到目的地。

Chapter 10

我想當廚師

■ 描述夢想與職業

■ 呼應動詞

單 / 字 / 練 / 習

掃描 QR 碼看教學影片

醫生

1 一手五指握拳,掌心朝上,
 另一手四指觸脈搏處。
2 一手大拇指伸出,掌心朝側,
 左右搖晃。

 TIPS

醫生,由「把脈」+「男」組成。

護理師

一手食指彎曲和大拇指相接
成十字,大拇指指背觸另一
手手臂。

廚師

1 雙手掌心朝上，同時往內移動做
　炒菜動作。
2 一手大拇指與食指伸直，食指往
　下移動之後，快速收回拳心。

TIPS

　　廚師，由「炒」+「師傅」組成。

老師

一手大拇指與食指伸直，
食指重複上下移動。

病人

1 一手手背貼於額頭。
2 雙手食指伸直做「人」字形。

 TIPS　病人，由「病」+「人₁」組成。

忙

雙手五指彎曲放在肩膀上，
肩膀輪流上下搖動。

出門

一手五指平伸置於胸前，另一手大拇指和小指伸出，掌心朝內，手腕往外轉成掌心朝外。

回來

一手五指平伸置於胸前，另一手大拇指和小指伸出，掌心朝外，手腕往內轉成掌心朝內。

TIPS 「出門」、「回來」手勢相同，移動方向相反。

問

一手五指指尖指向另一手伸直朝上的大拇指。

回答

雙手大拇指與食指指尖相觸成「口」形狀，放在嘴巴前，再往前移動。

以前

一手手掌攤開，指尖朝後，
放在肩膀。

TIPS

手語以身體為時間軸，往前
是未來，在身後的是過去。

以後

一手五指伸直，拍另一手掌
心，再往前移動。

剛剛

一手五指彎曲，掌心朝上，
重複往後移動。

幫

一手掌心重複拍另一手伸直
的大拇指指背。

努力、加油

一手握拳，另一手放其上臂
處，握拳的手用力往內曲臂。

希望

一手食指彎曲放在額頭上。

餐廳 2

1 一手五指張開彎曲，掌心朝上；
　另一手掌心朝內，從另一手往嘴
　巴移動。
2 雙手大拇指與食指各相觸成圈，
　圈尖相對，其餘三指伸直，輪流
　前後移動。

TIPS

餐廳 2，由「吃飯」+「生意」
組成。

「餐廳 1」指涉地方，見第 106
頁；「餐廳 2」是在講一份職業。
如：「我 去 餐廳 1。」（翻譯：
我要去餐廳。）；「我 餐廳 2
設立。」（翻譯：我要開餐廳。）

設立、成立

雙手大拇指與四指平行,成半圓,掌心相對,往下一放。

目的

一手五指彎曲且指尖接觸,另一手食指彎曲伸入其虎口處。

熱心

雙手五指微彎,掌心朝上,在心臟位置交替往外繞圈。

不

一手五指伸直,掌心朝前,在胸前左右移動。

單元十 我想當廚師

對 / 話 / 練 / 習

掃描 QR 碼看教學影片

-1-

A：你 爸爸 工作 什麼？

B：我 爸爸 醫生。

A：他 工作 忙。

B：對，他 每天 早上 出門 晚上 回來。

A：你 以後 想 工作 醫生 一樣？

B：不，我 想 目的 廚師。

A：加油！

翻譯

A：你爸爸的工作是什麼？

B：我爸爸是醫生。

A：他工作很忙耶。

B：對啊，他每天早出晚歸。

A：你以後也想當醫生嗎？

B：不，我想要當廚師。

A：加油！

對 / 話 / 練 / 習

掃描 QR 碼看教學影片

-2-

A：老師 問（我）以後 想 做 什麼？

B：老師 你 回答（你→老師） 什麼？

A：老師 我 回答（我→老師）：
　「我 想 目的 護理師」。

B：為什麼？

A：我 看見 護理師 病人 （護理師）幫（病人） 熱心，
　我 想 效仿（護理師） 一樣。

翻譯

A：老師問我以後想要做什麼？

B：你回答老師什麼？

A：我告訴老師：「我想當護理師」。

B：為什麼？

A：我看見護理師熱心地幫助病人，我想要跟他一樣。

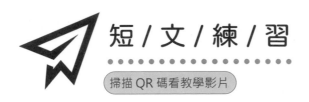 短/文/練/習

掃描 QR 碼看教學影片

我 以後 想 目的 廚師,現在 學習 努力,
希望 以後 自己 餐廳 2 設立,大家 一起 吃飯 開心。

翻譯

我以後想當廚師,現在努力學習中,希望以後可以自己
開餐廳,讓大家一起開心地吃飯。

NOTE /

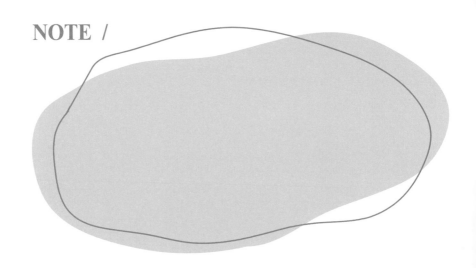

學習重點

● 臺灣手語「問」、「告訴」、「幫忙」、「學習、效仿」是
呼應動詞,會因著做動作的人和接受動作的人位置不同,而
影響其移動方向,其概念同第七單元的「看見」一詞。

如:「老師 你 回答(你→老師) 什麼?」(翻譯:你回答
老師什麼?)

會先在左側打出接受回答的對象:「老師」,在右側打出做
出回答的對象「你」,如此一來,呼應動詞「回答」才能夠
從右側「你」移動到左側「老師」的位置。(說明:左右側
可替換)

老師　　　　　你　　　　　回答　　　　　什麼

● 中文的「想當......」、「想做......」在手語裡可以用「想＋目的」
表達,代表的是一種想要完成的目標。

聾人小知識

如果想進一步學手語，有哪些線上資源嗎？

若想查詢手語單字，可參考「臺灣手語線上辭典」
（ http://140.123.46.77/TSL/ ），由國立中正大學手語語言學台
灣研究中心蔡素娟、戴浩一、劉世凱、陳怡君負責編纂，收錄約
4,100 個詞、560 個例句，對初學者有很大幫助。

平常可以多關注（雲林縣聽語障福利協進會的粉絲專頁及
Youtube 頻道），以及各縣市聾人、聽障協會的手語課程。

臺灣手語線上辭典

雲林縣聽語障福利協進會
Youtube 頻道

動手玩

和大家分享你的夢想。

附錄

臺灣手語手形表

引用出處

國立中正大學手語語言學台灣研究中心
蔡素娟、戴浩一 編製（2021）
說明：英文手形名稱對應到美國手語的字母手形，方便跨手語比較；中文手形名稱為臺灣慣用名稱，源自史文漢、丁立芬編纂之《手能生橋》。

Open A（男）	Flexed A（副）	B（胡）	Open B（手）	Bent B（九）
C（方）	Bent C（紳）	F（錢）	Open F（**WC**）	G（像）
I（女）	Flat I（千）	Curved I（蟲）	K（欠）	Open K（布袋戲）
L（六）	Bent L（句）	Curved L（爺）	Curved-Baby L（難）	Flexed L（很）
Extended N（鴨）	O（零）	Open O（果）	Flat O（萬）	Baby O（呂）
Bent-Baby O（雞）	R（筆）	S（拳）	U（棕）	V（二）

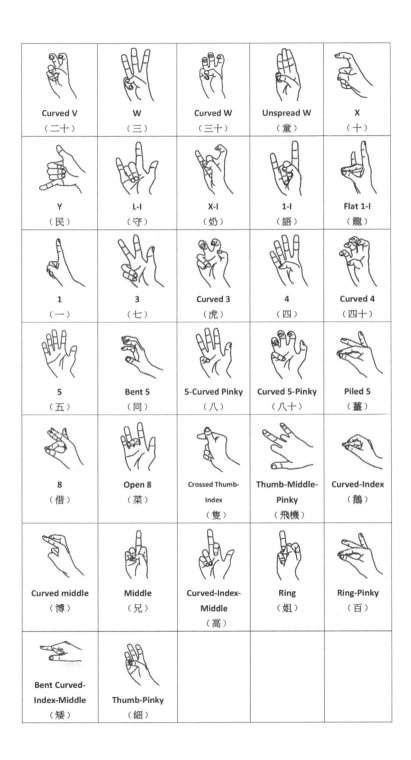

Curved V （二十）	W （三）	Curved W （三十）	Unspread W （童）	X （十）
Y （民）	L-I （守）	X-I （奶）	1-I （語）	Flat 1-I （龍）
1 （一）	3 （七）	Curved 3 （虎）	4 （四）	Curved 4 （四十）
5 （五）	Bent 5 （同）	5-Curved Pinky （八）	Curved 5-Pinky （八十）	Piled 5 （薑）
8 （借）	Open 8 （菜）	Crossed Thumb- Index （隻）	Thumb-Middle- Pinky （飛機）	Curved-Index （鵝）
Curved middle （博）	Middle （兄）	Curved-Index- Middle （高）	Ring （姐）	Ring-Pinky （百）
Bent Curved- Index-Middle （矮）	Thumb-Pinky （細）			

數字表

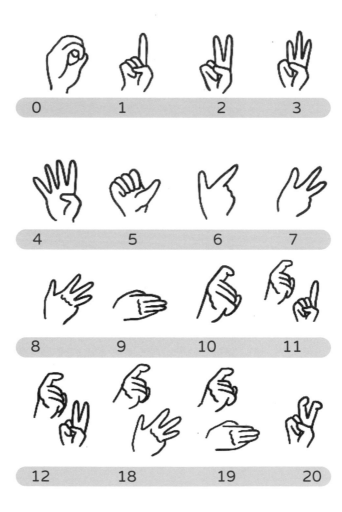

| 0 | 1 | 2 | 3 |

| 4 | 5 | 6 | 7 |

| 8 | 9 | 10 | 11 |

| 12 | 18 | 19 | 20 |

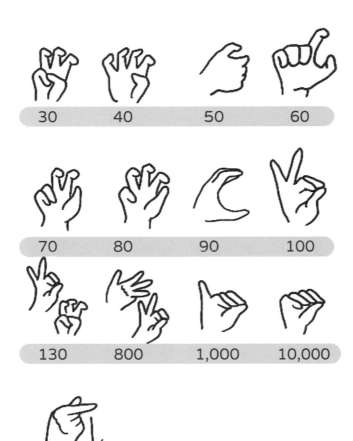

| 30 | 40 | 50 | 60 |

| 70 | 80 | 90 | 100 |

| 130 | 800 | 1,000 | 10,000 |

100,000,000

檢索

索検

143

檢索

145

發行人	社團法人雲林縣聽語障福利協進會
主編	詹富娟
編輯	陳怡靜 陳怡安
諮詢顧問	黃麗馨 顧玉山
手語示範	林怡杉 張順豪 黃麗馨 詹俊輝 蔡世鴻 蕭玉敏
影片製作	洪子蕙

出版	社團法人雲林縣聽語障福利協進會
地址	630 雲林縣斗南鎮東明里新庄路 65-3 號
電話	(05)5972639
傳真	(05)5976391
郵局帳戶	(700) 0301008-1296705
戶名	社團法人雲林縣聽語障福利協進會
網址	https://www.yhsi.org.tw/
電子信箱	hsiyunlin@yhsi.org.tw
代理經銷	白象文化事業有限公司
地址	401 台中市東區和平街 228 巷 44 號
電話	04-22208589
印刷	申千有限公司
刷次	初版四刷 2023 年 2 月
ISBN	978-626-95045-0-3
定價	新台幣 350 元

國家圖書館出版品預行編目 (CIP) 資料

用手語交朋友 / 社團法人雲林縣聽語障福利協進會編著.
-- 初版 . -- 雲林縣斗南鎮 : 社團法人雲林縣聽語障福利協
進會 , 2021.09
　　面 ;　公分
ISBN 978-626-95045-0-3(平裝)
1. 聽障教育 2. 手語教學

529.675　　　　　　　　　　　　　110014063